Soziale Ängste besiegen
– Das Selbsthilfebuch

*Die Angst vor Menschen und Schüchtern-
heit Schritt für Schritt ablegen, Ihr Selbstbewusstsein steigern und alle Phobien und
Störungen endgültig heilen*

Franziska Schubert

INHALT

Was Sie in diesem Buch erwartet

Die soziale Angst gehört zu den häufigsten psychischen Erkrankungen. Nach Depressionen und Alkoholabhängigkeit folgt sie an dritter Stelle. Leiden Sie an einer sozialen Angst oder haben Sie nur eine Vermutung und möchten herausfinden, ob eine soziale Angst wirklich auf Sie zutrifft? Dann haben Sie mit diesem Buch genau die richtige Wahl getroffen. Tatsächlich leiden 20 % aller Menschen mindestens einmal in ihrem Leben an einer Angststörung. Sie werden daher in diesem Buch erfahren, was eine soziale Angst eigentlich genau ist, wie sie entstehen kann und wo der wichtige Unterschied zur Schüchternheit liegt. Sie werden biologische und evolutionspsychologische Erklärungen kennenlernen und erfahren, welche Rolle unsere Kindheit dabei spielt. Sie werden auf den Teufelskreis der Angst stoßen und verstehen, warum dieser die Angst befeuert und aufrechterhält. Sie werden die Auswirkungen der sozialen Angst kennenlernen und erfahren, warum es wichtig ist, etwas dagegen zu unternehmen. Außerdem erfahren Sie, warum die soziale Angst nicht bloß eine Schwäche, sondern auch eine Superkraft sein kann. Sie werden verstehen, warum die Verbindung und der Kontakt zu anderen Menschen so wichtig sind und ein gesundes Selbstbewusstsein unverzichtbar.

Ihnen werden zusätzlich wichtige Tipps an die Hand gegeben, wie Sie Ihren Weg aus der Angst finden können und welche Schritte dafür notwendig sind. Sie erhalten mit diesem Buch alle wichtigen Informationen über die soziale Angst, sodass nach Vollendung dieses Buches keine Fragen offenbleiben werden. Anhand lebhafter Beispiele werden Ihnen wichtige Aspekte veranschaulicht, um diese greifbarer zu machen. Zum Schluss erhalten Sie noch wichtige Anregungen zum Thema „Verlassen der eigenen Komfortzone" und warum dieser Punkt unvermeidbar ist, um ein erfülltes Leben zu führen.

Dies und noch vieles mehr erwartet Sie in diesem Buch.

Soziale Angst: Was bedeutet das eigentlich?

Ängste sind etwas ganz Natürliches. Sie gehören zu unserem Leben. Ohne sie wären wir Menschen nicht überlebensfähig, denn Ängste weisen uns auf Gefahren hin und erfüllen daher eine wichtige Schutzfunktion. Ein gewisses Maß an Angst ist für uns Menschen also von Vorteil. Kritisch wird es jedoch, wenn sie das Ausmaß der guten und natürlichen Angst übersteigt. In diesem Fall spricht man von einer Angststörung. Zu der Gruppe der

Angststörungen gehört zum Beispiel die Hypochondrie oder die Zwangsstörung, aber auch die soziale Angst, welche man auch als „soziale Phobie" bezeichnet.

Die soziale Phobie ist eine der häufigsten psychischen Erkrankungen. Dabei sind Frauen sogar noch eineinhalb Mal häufiger betroffen als Männer. Betroffene fürchten sich davor, im Zentrum der Aufmerksamkeit zu stehen, sich falsch zu verhalten und von anderen Menschen als merkwürdig oder peinlich empfunden zu werden. Diese Angst bezieht sich insbesondere auf ihr Verhalten (z.B. wie sie essen, gehen oder reden), aber auch auf die sichtbaren Begleiterscheinungen ihrer Angst (z. B. Schwitzen, Erröten und Zittern). Alle diese Dinge sind den Betroffenen peinlich, denn dahintersteckt die Angst vor der negativen Bewertung durch andere und die dadurch empfundene Bedrohung des eigenen Selbstwertes. So tritt die Angst meist in Situationen auf, in denen man beobachtet oder bewertet werden könnte. Beispiele wären hier das Reden oder Essen in der Öffentlichkeit, Prüfungen, Vorträge, Gruppensituationen oder die generelle Kontaktaufnahme mit anderen Personen.

Ihre Angst führt zu einer Vermeidungsreaktion. Betroffene begeben sich also entweder gar nicht in die angstauslösenden Situationen oder sie vermeiden diese weitgehend. Dieses Verhalten wirkt allerdings verstärkend auf ihre Angst, denn wird man nicht mit der Angst konfrontiert, so bleibt sie bestehen oder verschlimmert sich sogar. Neben der psychischen Belastung haben die Betroffenen aber manchmal auch mit körperlichen Beschwerden zu kämpfen. Wenn sie sich vor oder in sozialen Situationen befinden, kann sich eine Daueranspannung entwickeln, die es zusätzlich schwermacht, diese Situationen zu meistern. Zusätzlich können Symptome wie Zittern, Schwindel und Schwitzen auftreten. Es entsteht die Angst, dass dies negativ auffallen könnte, was in den meisten Fällen einen Angst verstärkenden Kreislauf hervorruft.

Sicher kommt Ihnen das meiste davon bekannt vor. In jedem von uns steckt zumindest ein wenig die Angst davor, sich zu blamieren oder von anderen als komisch empfunden zu werden. Gerade in Situationen, in denen uns die anderen Menschen noch nicht bekannt sind. Beispiele wären hier der erste Arbeitstag bei einer neuen Stelle, das erste Date usw. Auch der Gedanke an Vorträge und Prüfungen lässt den meisten Menschen einen Schauer über den Rücken laufen. Aber das bedeutet nicht, dass wir alle an einer sozialen Phobie leiden. Wie schon am Anfang des Kapitels erwähnt, macht die Stärke und das Ausmaß der empfundenen Angst hier den entscheidenden Unterschied. Wie Sie herausfinden können, ob Sie tatsächlich an einer sozialen Phobie leiden, erfahren Sie später in diesem Buch.

MÖGLICHE AUSWIRKUNGEN UND FOLGEN

Das Leben gestaltet sich für Personen mit einer sozialen Phobie unglaublich schwer. Sie werden durch ihre Angst so sehr in der Gestaltung ihres Lebens eingeschränkt, dass ein glückliches Leben zu führen schier unmöglich scheint. Unbewältigte Ängste verursachen bei den Betroffenen erhebliches Leiden. Die Folgen sind in den meisten Fällen sozialer Rückzug und Isolation. Nicht selten führt die soziale Angst auch zu weiteren psychischen Erkrankungen wie beispielsweise Depressionen. Die Angst kann auch so groß sein, dass sie mit Panikattacken einhergeht. Sie trifft viele unterschiedliche Lebensbereiche und hat daher weitreichende Folgen.

Die Auswirkungen auf das Berufsleben

Im Beruf stehen die Betroffenen vor einer großen Herausforderung, denn die Konfrontation mit dem Chef oder anderen Kollegen, die Leistungserwartung und das Erleben von Kritik sind in gesteigertem Maße mit Angst besetzt. Das Erledigen von Aufgaben erfolgt unter der Aufmerksamkeit anderer, was ihre Versagensängste steigern kann. Zudem stellen die meisten Jobs hohe Anforderungen an die Kommunikationsfähigkeit, wie beispielsweise in Konferenzen, Telefonaten oder im persönlichen Gespräch. In diesen Situationen sind Menschen mit sozialer Phobie sehr darum bemüht, das eigene Verhalten zu kontrollieren und keine Fehler zu machen. Sie sind also sehr mit ihrer Angst beschäftigt und richten ihre Aufmerksamkeit nach innen. Dies führt dazu, dass sie manchmal nicht mehr alle Informationen von außen wahrnehmen können. Es fällt ihnen schwer, allen Anforderungen der Situation zu entsprechen, da sie nur einen Teil ihrer Leistungsfähigkeit zur Verfügung haben. Es können negative Gefühle von Kränkung, Scham oder Niedergeschlagenheit entstehen, wenn diese Stress-auslösenden Situationen nicht wie gewünscht gemeistert werden. Zudem sind mögliche Konkurrenzgefühle gegenüber den Kollegen ein großes Problem, denn diese können das vorhandene Selbstwertproblem noch verstärken.

Die Furcht, minderwertig zu erscheinen und negativ bewertet zu werden, führt zu einem Vermeidungsverhalten, was beruflich einige Einschränkungen mit sich bringt. Aus Angst vor Bewerbungsgesprächen werden Jobwechsel beispielsweise nicht in Erwägung gezogen. Gehaltsverhandlungen? Kommt gar nicht infrage! Auch Aufstiegschancen werden nicht genutzt, da diese mit vermehrten sozialen Anforderungen, Vorträgen oder Teambesprechungen verbunden sein könnten. Manche suchen sich vielleicht einen Job ohne Kundenkontakt oder ohne viel Eigenverantwortung, um den Angstgefühlen zu entgehen. Sie leben daher meist unter ihren Möglichkeiten, obwohl die Qualifikation für Größeres oft gegeben wäre. Die soziale Angst kann auch in die Arbeitslosigkeit führen. Auf manche übt der Job einen unaushaltbaren Druck aus, sodass sie entweder selbst kündigen oder auch gekündigt werden.

Die Auswirkungen auf das Privatleben

Auch hier stehen die Betroffenen häufig vor großen Herausforderungen. Auszugehen mit Freunden, ist für viele mehr Stress als Vergnügen und neue Menschen kennenzulernen, kommt, je nach Ausprägungsgrad der Angststörung, entweder gar nicht infrage oder nur unter sehr starkem Stress und großen Schwierigkeiten. Den Betroffenen fällt es außerdem schwer, sich gegenüber anderen Menschen zu öffnen, wodurch Freundschaften auch nur sehr schwerfällig entstehen können.

Soziale Kontakte sind für uns Menschen von großer Bedeutung. Einige Studien haben bis jetzt zeigen können, dass Menschen, die ein ausgeprägtes soziales Umfeld haben, meist die glücklicheren Menschen sind. Eine soziale Angst kann nun dazu führen, dass Freundschaften nicht ausreichend gepflegt werden und sich bestehende Kontakte daher distanzieren. Betroffene isolieren sich aber auch häufig selbst, so wird das soziale Umfeld immer kleiner. Noch dazu leben viele Betroffene ungewollt ohne einen festen Partner. Es fällt ihnen schwer, für ihre eigenen Bedürfnisse einzustehen und sich durchzusetzen aus Angst, auf weitere Ablehnung zu stoßen.

Diese Aspekte können noch zusätzlich belastend sein und sich negativ auf die Psyche auswirken. Sie nagen an dem Selbstwertgefühl und befeuern weiter die soziale Angst.

Die Auswirkungen im Alltag

Das gesellschaftliche Leben ist der Dreh- und Angelpunkt unseres Alltags. Er ist geprägt von sozialer Interaktion. Ob Arztbesuche, Telefonate oder der Small Talk mit der Kassiererin im Supermarkt. In all diesen

Situationen sind Menschen mit sozialer Phobie mit ihrer Angst konfrontiert. Und jeden Tag gilt es, diese Situationen von Neuem zu meistern. Dinge wie Freizeitaktivitäten, die nicht zwingend notwendig sind, werden generell vermieden. Dazu zählen z. B. Partys, Kinobesuche und Konzerte. Um diesen Dingen zu entgehen, lassen sich Betroffene häufig sehr raffinierte Notlügen und Ausreden einfallen. Kann eine Situation jedoch nicht vermieden werden, so haben sie einige „Sicherheitsverhaltensweisen", durch welche sie die Gefahr, eventuell im Mittelpunkt zu stehen und aufzufallen, so gering wie möglich halten. Beispiele hierfür wären:

• Vor Gesprächen gut zu planen, was gesagt werden soll.

• Nichts zu sagen, um nicht durch mögliches Versprechen oder Erröten im Mittelpunkt zu stehen.

• Bestimmte Kleidung anzuziehen, um eventuelle Schweißflecken zu kaschieren.

• Alkohol oder Medikamente einzunehmen, um die Angst zu mindern.

• Viel Make-up zu verwenden, um mögliches Erröten zu kaschieren.

• Sich Ausreden einfallen zu lassen, um andere nicht zu enttäuschen.

- Auf bestimmte Dinge zu verzichten, um unangenehmen Situationen zu entgehen.

Das sind nur einige der vielen Strategien, die sich Menschen mit sozialer Angst zunutze machen, um ihren Alltag zu meistern.

Wie Sie nun sehen konnten, kann die soziale Phobie ganz unterschiedliche Lebensbereiche treffen, was das Leben mit dieser Angst sehr schwierig macht. In den nächsten Kapiteln werden Sie erfahren, wie soziale Ängste aufrechterhalten werden und wie sie überhaupt entstehen.

DER TEUFELSKREIS

Menschen mit einer sozialen Phobie halten ihre Angst unbewusst durch eine Art „Teufelskreis" aufrecht. Dieser wirkt selbstverstärkend und sorgt dafür, dass es aus der Angst kein Entkommen gibt. Dieser Teufelskreis sieht in etwa so aus:

Die Person befindet sich in einer sozialen Situation und bemerkt, dass sie ängstlich reagiert. Diese Angst löst in der Person den Gedanken aus: „Jetzt bloß nichts Komisches tun und nicht auffallen". Um die Kontrolle über sich selbst zu behalten und keine Fehler zu machen, fängt die Person nun an, sich stark selbst zu beobachten und merkt, dass sie körperliche Angstsignale aufweist, z. B. Schwitzen und Zittern. Die Person bekommt nun noch mehr Angst, denn diese Symptome sind ihr peinlich. Der Kreislauf beginnt von Neuem mit noch intensiverer Angst. Diese Angst kann sich bis in eine Panikattacke steigern. Zur Verdeutlichung das Ganze noch mal an einem greifbaren Beispiel:

Lisa musste aufgrund eines Umzugs die Schule wechseln und hat nun ihren ersten Tag in ihrer neuen Klasse. Die Lehrerin bittet Lisa, nach vorn zu kommen und sich der Klasse vorzustellen. Lisa hatte sich schon zu Hause gut überlegt, was sie sagen könnte, falls jemand sie bittet, etwas über sich zu erzählen. Als die Lehrerin sie nun aufruft, bemerkt sie, dass ihr Herz anfängt, wie verrückt zu schlagen, und ihre Hände schwitzig werden. Sie steht zitternd auf und versucht, keine Fehler zu machen. Bloß nicht stolpern oder komisch gehen. Der Weg nach vorn fühlt sich an wie eine Ewigkeit. Lisa versucht, die Kontrolle zu behalten. Sie ist so darauf bedacht, nicht zu stolpern, dass es schließlich tatsächlich passiert. Sie stolpert. Gleichzeitig bemerkt sie, wie sie rot wird und ihr Herz noch schneller zu schlagen anfängt. Sie bekommt Angst, die anderen könnten ihr Erröten bemerken. Sie wird noch unsicherer. Vorn angekommen, sieht sie zwei kichernde Mädchen in der zweiten Reihe. Sofort bezieht sie dieses Kichern auf sich. Ihr wird schwindelig, während sie bemerkt, dass ihr Kopf anfängt zu glühen. Sofort sind ihre zuvor geplanten Worte wie weggeblasen.

Sie versucht, einfach irgendwas zu sagen, um die peinliche Stille zu brechen. Sie redet vor lauter Verunsicherung sehr leise, woraufhin die Lehrerin sie bittet, doch etwas lauter zu sprechen. Lisa wertet dies als Kritik. Sie ärgert sich innerlich, denn sie hat, laut ihrer hohen Erwartungen an sich selbst, etwas falsch gemacht. Sie wollte doch alles perfekt machen und sich einmal nicht vor allen blamieren. Sie fängt an sich zu verurteilen und befeuert den Teufelskreis weiter. Etwas lauter spricht sie weiter, doch sie kann sich nicht auf ihre

Worte konzentrieren. Sie ist zu sehr mit ihrem Innenleben beschäftigt und mit dem Gedanken, bloß nicht merkwürdig zu erscheinen. Dadurch verspricht sie sich ein wenig. Den anderen fällt dies vielleicht gar nicht auf, doch für Lisa ist dies ein weiterer Grund, um sich selbst zu verurteilen. Sie analysiert die Gesichter ihrer Mitschüler*innen. „Die denken bestimmt, ich wäre komisch". Schnell schaut sie wieder auf die neutrale hintere Wand. Die hat wenigstens keinen prüfenden Blick, der sie weiter verunsichert.

Am Abend analysiert Lisa noch einmal genau die Situation. Was hat sie falsch gemacht? Was könnte sie besser machen? Was hätte sie sagen können? Was dachten die Mitschüler?

All diese Fragen lassen sie nur schwer einschlafen. Der nächste Tag und all die Dinge, die sie falsch machen könnten, stehen ihr schon bevor. Lisa wird sich dadurch nur noch weiter Druck setzen und verhindert damit eine Verbesserung ihrer Angst.

So entstehen soziale Ängste

Um zu klären, wie soziale Ängste überhaupt entstehen, ist es zunächst wichtig zu erwähnen, dass es keine einzelne Ursache für ihre Entstehung gibt. Vielmehr treffen dazu mehrere Faktoren aufeinander, die eine Entstehung begünstigen, sie jedoch nicht unbedingt hervorrufen müssen, sie also nicht bedingen. In der Psychologie spricht man in diesem Fall von einem „Multifaktoriellen Modell". Im Weiteren wird auf diese Faktoren näher eingegangen.

UNSERE KINDHEIT UND UNSERE ERFAHRUNGEN

Unsere Kindheit legt das Fundament unseres gesamten Lebens. Alles, was wir als Kind erleben und lernen, prägt sich als Glaubenssatz in unser Unterbewusstsein ein und bleibt dort bestehen. Diese Glaubenssätze führen unser Denken und Handeln im Erwachsenenalter. So liegt es auf der Hand, dass negative Erfahrungen, wie gehänselt, ausgelacht oder abgelehnt zu werden, einschneidende Erlebnisse für ein Kind sind, die dazu führen, dass sich Selbstzweifel und Verunsicherung breit machen. Diese negativen Erfahrungen prägen sich tief ein und können die Ursache für die Entstehung von Ängsten sein. Das gilt für alle negativen und belastenden Erfahrungen. Auch die Scheidung der Eltern oder andere Familienkonflikte können dazu zählen.

Die Erziehung spielt auch eine Rolle. Wurde man von seinen Eltern als Kind oft kritisiert, setzt sich vielleicht der Gedanke fest, dass man falsch ist, so wie man ist. Dies führt zu Gefühlen der Minderwertigkeit, die noch bis ins Erwachsenenalter aufrechterhalten werden können. Erfährt man von seinen Eltern oder anderen Familienmitgliedern wenig Liebe und bekommt das Gefühl vermittelt, man würde stören, so kann sich ein geringes Selbstwertgefühl entwickeln. Es gibt aber auch die andere Seite. Wächst ein Kind bei sehr überfürsorglichen Eltern auf, so lernt das Kind vielleicht nicht in ausreichendem Maße, dass es auf eigenen Füßen stehen kann und entwickelt zu wenig Selbstvertrauen. Es lernt unter Umständen auch nicht, mit Fehlern oder negativen Erfahrungen umzugehen und schwierige Situationen zu meistern. Auch das wirkt sich sehr negativ auf die Entwicklung eines gefestigten Selbstbewusstseins aus.

Haben die Eltern vielleicht selbst wenig soziale Kontakte, kann dieser Aspekt auch eine Rolle spielen. Das Kind lernt unter diesen Umständen nur sehr begrenzt soziale Fähigkeiten. Soziale Kontakte werden als etwas Besonderes oder vielleicht auch als etwas Bedrohliches wahrgenommen, weil der Umgang mit ihnen so selten geschieht. Dadurch, dass die richtigen Verhaltensweisen nicht bekannt sind, kann sich später eine Angst entwickeln, sich falsch zu verhalten und abgelehnt zu werden. Möglicherweise wächst ein Kind auch bei Eltern auf, denen die Meinung anderer im überzogenen Maße wichtig ist. Bei dem Kind könnte sich dadurch eine starke Angst vor Bewertung oder Kritik entwickeln.

BIOLOGISCHE FAKTOREN

Natürlich ist ein weiterer Risikofaktor, eine soziale Angst zu entwickeln, unsere Persönlichkeit. Unsere Persönlichkeit liegt uns zum Teil in den Genen, sie ist also angeboren. Der andere Teil unserer Persönlichkeit entwickelt sich durch unsere Erfahrungen. Dieser Teil ist bis zu einem gewissen Grad beeinflussbar. Unser Grundtemperament, mit dem wir auf die Welt kommen, allerdings nicht. Ist dieses Grundtemperament nun also eher schüchterner Natur, zeigen diese Menschen eine „natürliche Zurückhaltung" in sozialen Situationen. Dieses Verhalten wird genutzt, um die Aufnahme in eine Gruppe zu verbessern und Ablehnung zu vermeiden. Aus den Verhaltensweisen, die ein schüchternes Temperament mit sich bringt, können sich Umstände entwickeln, die für den Betroffenen als Auslöser einer sozialen Phobie dienen. Als Beispiel:

Ein Kind wird in der Schule von mehreren anderen Kindern ausgegrenzt und gehänselt. Das Kind hat ein eher schüchternes und zurückhaltendes Temperament, was dazu führt, dass das Kind nicht für sich einsteht und sich nicht wehrt (ein Schutzverhalten aus Angst vor weiterer Ablehnung). Die anderen Kinder sehen nun in diesem Kind ein leichtes Opfer und hänseln es weiterhin. Für das schüchterne Kind eine traumatische, einprägsame Erfahrung, die in seinem weiteren Leben als Auslöser einer sozialen Angst fungieren könnte.

Eine soziale Phobie kann aber auch von den Eltern übernommen werden – sowohl über Lernmechanismen, wie schon im vorherigen Abschnitt erwähnt, als auch über die Gene. Kinder, deren Eltern eine Angststörung besitzen, haben ein dreieinhalbmal höheres Risiko selbst eine Angststörung zu entwickeln, als Kinder, deren Eltern keine Angststörung aufweisen.

Die Forschung hat einige Anhaltspunkte, die dafürsprechen, dass Menschen mit einer sozialen Phobie auch kognitive Besonderheiten aufweisen. Es wird davon ausgegangen, dass das Gleichgewicht bestimmter Neurotransmitter im Gehirn gestört ist. Diese Neurotransmitter wären Serotonin, Dopamin und Noradrenalin. Man geht zusätzlich davon aus, dass bei Menschen mit einer sozialen Angst der Mandelkern, der Teil des Gehirns welcher z. B. für die Verarbeitung und Speicherung emotionaler Inhalte verantwortlich ist, überaktiv zu sein scheint. Neutrale Informationen werden dadurch schneller als bedrohlich wahrgenommen.

Diese Aspekte begünstigen zusätzlich eine falsche Selbstwahrnehmung, welche Angst verstärkend wirkt. Betroffene haben außerdem oft überhöhte und unrealistische Erwartungen an sich selbst, denen sie nicht gerecht werden können. Dieser Umstand kratzt weiterhin am Selbstwertgefühl. Der Drang, in sozialen Situationen immer alles perfekt machen zu wollen und Fehler als etwas Negatives anzusehen, ist eine toxische Einstellung, die es schwierig macht, sorgenfrei und ungehemmt den Weg des Lebens zu beschreiten..

EVOLUTIONSPSYCHOLOGISCHE ERKLÄRUNGSANSÄTZE

Der Mensch ist ein soziales Wesen. Seit Beginn ihrer Existenz haben sich Menschen in Gruppen zusammengeschlossen, um Wissen und Ressourcen auszutauschen und zu teilen. Die Zugehörigkeit zu einer Gruppe war in der früheren Zeit überlebenswichtig. Die Gruppe bot, neben den wichtigen Ressourcen, auch Schutz vor Gefahren, (den Säbelzahntiger kann man schließlich nicht allein besiegen).

Wurde man aus einer Gruppe ausgeschlossen, bedeutete dies den sicheren Tod. Unser Gehirn hat sich seitdem nicht verändert. Es ist immer noch dasselbe Gehirn, welches es früher war. Es liegt also auf der Hand, dass es auf Situationen, die gefährlich sein könnten, auf die gleiche Art und Weise reagiert wie früher: mit Angst. Natürlich ist es heute für uns keine Gefahr mehr, aus einer Gruppe ausgeschlossen zu werden. Das bedeutet für uns nicht den Tod.

In unserem Gehirn ist diese evolutionäre Angst und das damit verbundene Schutzverhalten jedoch tief verankert. Wir versuchen, keine Fehler zu machen und uns anzupassen, damit wir in Gruppen aufgenommen und nicht ausgeschlossen werden.

Werden wir jedoch ausgeschlossen, so reagiert das Gehirn entsprechend und wir werden von negativen Gefühlen überfallen. Die bringen uns dazu, unser Verhalten anzupassen, um wieder in die Gruppe aufgenommen zu werden. Noch heute gibt uns die Gruppe ein Gefühl von Sicherheit und Verbundenheit. Und tatsächlich ist es noch heute so, dass es von Vorteil ist, viele Freunde und Bekannte zu haben. Kennt man viele Menschen, so können sie einem in Situationen, die schwer allein zu bewältigen sind, helfend zur Seite stehen.

Vielleicht haben Sie eine ähnliche Situation ebenfalls schon einmal erlebt und wissen also schon, was zu tun ist. Gute Kontakte in verschiedenen Bereichen zu haben, erleichtert einem unheimlich das Leben. Stellen Sie sich nur einmal vor, Sie haben beispielsweise ein Problem mit Ihrem Auto.

Dann fällt Ihnen ein, dass Sie einen Freund haben, der als Automechaniker tätig ist. Er kann Ihnen sicherlich bei Fragen zur Seite stehen oder er repariert Ihnen das Auto zu einem guten Preis. Oder Sie suchen nach einem neuen Job. Eine Freundin erzählt Ihnen, dass bei ihrem Bekannten in der Firma gerade eine Stelle frei geworden ist, die perfekt zu Ihnen passen würde. Ihre Freundin könnte bei ihrem Bekannten eine

Empfehlung für Sie aussprechen. Es gibt unendlich viele Situationen, in denen es äußerst praktisch ist, wenn man gute Kontakte hat. So werden nicht nur Hilfeleistungen, sondern auch Wissen und Erfahrungen ausgetauscht. Sie wollen sich vielleicht selbstständig machen, wissen allerdings nicht recht, wie man das am besten anstellt. Ein Bekannter von Ihnen hat doch neulich sein eigenes Unternehmen gegründet. Er hat sicherlich wertvolle Tipps für Sie. Auch Sie selbst haben mit Sicherheit viele Erfahrungen und viel Wissen oder auch Tipps für bestimmte Lebensbereiche, für die andere sehr dankbar wären, wenn Sie sie mit ihnen teilen würden.

Leiden Sie an einer sozialen Angst?

Diese Frage zu beantworten, ist nicht ganz einfach. Wie schon erwähnt, sind Angst oder Nervosität in bestimmten Situationen nicht unüblich. Persönlichkeitseigenschaften wie Schüchternheit oder Introversion sind keine psychischen Krankheiten, sondern völlig normal. Aber wie können Sie nun herausfinden, ob Sie einfach nur schüchtern sind oder ob Sie tatsächlich an einer sozialen Phobie leiden? Den offensichtlichen Fakt vorweg: Ein Erstgespräch mit Fachärzten*innen oder Psychotherapeut*innen kann hier Abhilfe schaffen. Diese können durch validierte Fragebögen und eine fachkompetente Einschätzung genau beurteilen, ob tatsächlich eine Angststörung vorliegt. Da eine soziale Phobie auch häufig mit anderen psychischen Erkrankungen einhergeht, kann hier auch direkt geklärt werden, ob diese vorliegen. Sich bei psychischen Leiden, egal welcher Art, bei einem Therapeuten Hilfe zu holen, ist generell nie eine schlechte Idee und äußerst sinnvoll.

Es gibt aber natürlich auch ein paar Fragen, die Sie sich stellen können, anhand derer Sie vielleicht ein wenig besser beurteilen können, ob eine soziale Phobie wirklich auf Sie zutreffen könnte. Eine eindeutige Diagnose ist dies jedoch nicht.

Im Folgenden werden Ihnen nun ein paar Fragen gestellt, die Sie für sich auf einer Skala von eins bis zehn beantworten können. Eine Eins steht für „Überhaupt nicht/nie", eine Zehn für „Sehr stark/sehr oft". Eine Fünf entspricht also der neutralen Mitte. Sie können sich auch einen Stift und Papier nehmen und die Skala aufzeichnen, um sie sich besser zu veranschaulichen. Beantworten Sie nun die unten stehenden Fragen und notieren Sie sich den Skalenwert. Gehen Sie dazu in sich und versuchen Sie, die Fragen so ehrlich wie möglich zu beantworten. Falls Sie die Fragen noch nicht beantworten können oder sich bei manchen Fragen unsicher sind, dann lesen Sie sie erst einmal nur durch und versuchen Sie, sich in den nächsten Tagen einmal vermehrt selbst zu beobachten. Erkennen Sie sich in den Fragen wieder? Welche Situationen bereiten Ihnen Probleme? Nehmen Sie dann noch einmal das Buch zur Hand und versuchen Sie es erneut.

1. Haben Sie Angst davor, ins Zentrum der Aufmerksamkeit zu geraten?

2. Haben Sie Angst davor, vor Personen, die Sie nicht gut kennen, zu sprechen?

3. Äußert sich Ihre Angst durch mindestens eines der folgenden Symptome? (Falls nein, bewerten Sie diese Frage mit einer Eins. Falls ja, bewerten Sie diese Frage mit der Stärke des Symptoms oder der Symptome). Herzrasen, Zittern, Durchfall, Schwitzen, Blackout, Erröten, Übelkeit, vermehrter Harndrang.

4. Vermeiden Sie Blickkontakt?

5. Was denken Sie? Würden Sie sagen, Ihr Selbstwertgefühl ist zu niedrig?

6. Haben Sie Angst davor, etwas falsch zu machen?

7. Haben Sie Angst vor negativer Kritik?

8. Fürchten Sie sich davor, in der Öffentlichkeit zu essen?

27

9. Planen Sie Ihre Handlungen?

10. Planen Sie, was Sie sagen könnten, bevor Sie sprechen?

11. Neigen Sie dazu, sich zu isolieren?

12. Stellen Sie sich folgende Situation vor: Ihr neuer Partner möchte Ihnen seinen Freundeskreis vorstellen. Er lädt vier seiner Freunde zum Essen in ein Restaurant ein. Bei diesem Essen soll das Kennenlernen stattfinden. Würde diese Situation bei Ihnen große Angst hervorrufen?

13. Machen Sie sich viele Gedanken darüber, wie andere über Sie denken oder was andere von Ihnen halten?

14. Wenn jemand in Ihrer Umgebung lacht, beziehen Sie dieses Lachen auf sich?

15. Fühlen Sie sich in der Öffentlichkeit, als würde jeder Sie ansehen?

Diese Fragen sind keine validierten Fragen Das bedeutet, dass sie nicht in der Lage sind, eine richtige Diagnose zu stellen. Hierzu müsste ein psychologischer Test durchgeführt werden. Sie sollen Ihnen lediglich eine Orientierung bieten und Ihnen helfen, sich selbst etwas einzuschätzen.

Wenn Sie nun die Fragen beantwortet haben und sich die einzelnen Bewertungen notiert haben, können Sie nun alle Punkte zusammenzählen. Die höchste Punktzahl, die mit diesen Fragen erreicht werden kann, ist 150. Je näher Ihre Punktzahl an der 150 dran ist, desto höher ist die Wahrscheinlichkeit, dass Ihnen soziale Situationen Probleme machen und eine soziale Angst Sie daran hindert, ein unbeschwertes Leben zu führen.

Vielleicht haben Sie bis hierher schon erfahren, dass Sie vielleicht keine soziale Angst haben und nur von einer normalen Unsicherheit geplagt sind, die sicherlich in fast allen Menschen zu finden ist. Oder Sie sind sich mit Ihrer Vermutung, eine soziale Phobie zu haben, nun etwas sicherer. Was auch immer auf Sie zutrifft, später in diesem Buch werden Sie einige Tipps erhalten, wie Sie Ihre Ängste oder auch Unsicherheit ein für alle Mal in den Griff bekommen können.

DIE EIGENEN ÄNGSTE ERKENNEN UND ERNST NEHMEN

Manchmal ist es gar nicht so leicht, sich Dingen bewusst zu werden. Man lebt einfach in den Tag hinein und Gedanken und Gefühle kommen und gehen ganz von allein. Das passiert ohne unsere Aufmerksamkeit, ganz automatisch. Manche Menschen schenken ihren Gefühlen kaum Aufmerksamkeit und versuchen, sie zu unterdrücken. Andere wiederum haben einen guten Draht zu sich selbst und den eigenen Gefühlen und nehmen diese sehr stark wahr. Menschen unterscheiden sich auch in der Neigung zur Selbstreflexion. Manche denken kaum über sich selbst und das eigene Leben nach, andere wiederum sind mit den Gedanken ständig bei sich und dem eigenen Handeln. Es lohnt sich auf jeden Fall, ab und zu mal genauer in sich hineinzuhorchen und sich zu fragen: „Wie fühle ich mich eigentlich gerade? Was geht in mir vor? Was beschäftigt mich?" Die Beschäftigung mit sich selbst kann heilend wirken und ist einer der Schlüssel zum Glücklichsein. Es ist wichtig, auf sich selbst und seine Bedürfnisse zu achten und diesen auch zu folgen. Niemand weiß, was richtig und gut für einen ist, außer man selbst.

Bemerkt man nun in sich eine Unruhe und wird diese eventuell immer größer und unangenehmer, ist es ein wichtiges Zeichen, um in sich zu gehen und zu ergründen, was genau diese Unruhe verursacht. Vielleicht bemerkt man erst als Erwachsener, dass irgendetwas nicht stimmt. Vielleicht wird einem erst durch die nun zwangsläufige Selbstständigkeit bewusst, dass einem soziale Situationen Probleme bereiten. Diese starke Angst vor den Telefonaten, die man nun führen muss, oder die Angst vor den Vorstellungsgesprächen, die man nun hinter sich bringen muss, die ist doch irgendwie nicht normal, oder?

Vielleicht beschäftigt man sich nun mehr mit sich selbst und versucht herauszufinden, ob diese starke Angst normal ist. Die Menschen um einen herum scheinen keine so starken Probleme zu haben und man fragt sich vielleicht, was mit einem nicht stimmt und ob man irgendwie komisch ist. Irgendwann stößt man möglicherweise auf den Begriff „soziale Phobie".

Vielleicht war Ihr Weg zu der Erkenntnis „soziale Angst" ein anderer, dennoch ist der folgende Punkt unbestreitbar wichtig.

Sich selbst einzugestehen, dass man an einer psychischen Störung leiden könnte, fällt oft nicht leicht. Viele schieben das Thema weg und wollen es nicht wahrhaben.

In unserer Gesellschaft herrscht ein extrovertiertes Ideal. Menschen, die sich in den Vordergrund drängen und sich gut verkaufen können, sind in den westlichen Kulturen hoch angesehen und kommen mit diesen Verhaltensweisen sehr weit. Ist man nun etwas ruhiger und entspricht nicht diesem Ideal, kann dieser Aspekt großen Druck ausüben. Sich eine soziale Angst einzugestehen, fällt unter diesen Umständen eventuell noch schwerer.

Sich eine vermeintliche Schwäche einzugestehen, ist eine Herausforderung.
Dennoch sollten Sie genau dies tun. Es ist wichtig, dass Sie es selbst in die Hand nehmen und so etwas ernst nehmen, auch wenn es Sie vielleicht etwas beschämt. Spielen Sie Ihre Gedanken und Gefühle nicht herunter und versuchen Sie auch nicht, gegen sich selbst zu arbeiten. Nur, wenn Sie akzeptieren, können Sie etwas ändern, bevor es schlimmer wird.

An dieser Stelle vielleicht schon mal ein Punkt, der im nächsten Kapitel noch genauer erläutert wird, hier aber schon wichtig zu erwähnen wäre:

Sehen Sie die soziale Angst nicht bloß als eine Schwäche. Sie kann auch eine Art „Superkraft" sein. Im nächsten Kapitel erfahren Sie dazu mehr.

Wie Sie Ihre Angst überwinden können

Ängste jeglicher Art sind so tief in unserem Unterbewusstsein verankert, dass es kein leichter Weg ist, diese loszuwerden. Die meisten Ängste haben ihren Ursprung in unserer frühesten Kindheit und hatten somit viele Jahre Zeit, sich zu manifestieren und zu entwickeln. Es dauert also auch entsprechend lange, diese Ängste wieder zu lösen. Vielleicht ist es auch nur möglich, sie zu lindern oder zu lernen, mit ihnen umzugehen, ohne sie vollständig aufzulösen. Das ist von Menschen zu Menschen und der Stärke der Angst unterschiedlich. Es ist nur wichtig, dass man etwas tut! Eine unbehandelte Angst kann sich immer weiter verschlimmern und zu weiteren psychischen Erkrankungen führen.

Von daher ist ein erster wichtiger Schritt, die Akzeptanz und Einsicht der eigenen Angst und den Willen zu entwickeln, etwas dagegen zu unternehmen. Ihnen werden nun verschiedene Möglichkeiten zur Behandlung einer sozialen Angst vorgestellt. Zum einen Therapiemöglichkeiten, zum anderen aber auch Möglichkeiten der Selbsthilfe und Tipps für den allgemeinen Umgang mit der Angst. Ein erster wichtiger Hinweis, der umso klarer machen sollte, wieso man die folgenden Tipps unbedingt befolgen sollte:

Der einzige Weg aus der Angst führt durch die Angst hindurch! Um die Angst zu besiegen, muss man sich ihr stellen. Es führt kein Weg an ihr vorbei. Es gibt nur den Weg durch sie hindurch. Das ist ein unglaublich wichtiger Punkt, den man sich immer wieder ins Gedächtnis rufen sollte. Der einzige Weg aus der Angst führt durch die Angst hindurch!

Sie können, wenn Sie mögen, diesen oder einen der kommenden Tipps auch auf einen Zettel schreiben und diesen irgendwo hinhängen, wo Sie ihn immer im

Blick haben. Sie werden diesen Satz dann immer lesen und er wird sich mit der Zeit in Ihr Gedächtnis einprägen. Das wird Ihnen dabei helfen, sich an den Tipp zu erinnern, und so können Sie ihn besser umsetzen.

Meistens lesen wir Bücher zu unterschiedlichen Themen und finden die Inhalte wertvoll und denken, dass sie uns helfen werden. Doch dann vergessen wir sie und das ganze Thema gerät wieder in den Hintergrund. Sich also Inhalte aus diesem Buch, die Ihnen hilfreich erscheinen, aufzuschreiben, ist eine gute Möglichkeit, dem vorzubeugen. Sie können dieses Buch außerdem auch häufiger lesen, damit sich die Inhalte gut verfestigen.

THERAPIEMÖGLICHKEITEN

Der effektivste und auch beste Weg, um eine soziale Phobie zu überwinden, ist mithilfe einer Psychotherapie. Hier gibt es unterschiedliche Therapieformen. Bei einer sozialen Angst empfehlen Experten allerdings eine kognitive Verhaltenstherapie. Sollte diese Therapieform nicht erfolgreich sein, kann auch eine psychodynamische Psychotherapie durchgeführt werden.

Grundgedanke der kognitiven Verhaltenstherapie ist, dass Kognition unser Fühlen und Handeln bestimmt. Kognition umfasst Gedanken, Bewertungen, Einstellungen und Überzeugungen. Die Art, wie wir denken, bestimmt also, wie wir uns fühlen.

Schwerpunkte der Therapie liegen daher in der Bewusstmachung von Kognition und in der Bewertung von genau dieser. Anschließend sollen diese irrationalen Einstellungen und Sorgen korrigiert werden. Ist auch dieser Schritt abgeschlossen, folgt die Erarbeitung eines Transfers von der korrigierten Einstellung ins konkrete Verhalten.

Die Erfahrungen, die ein Mensch im Laufe seines Lebens macht, oder die Dinge, die er lernt, beeinflussen, wie dieser Mensch über die Welt und das Leben denkt. Diese Erfahrungen und Einstellungen beeinflussen wiederum, wie ein Mensch fühlt und handelt. Die Art, wie ein Mensch das Leben gedanklich strukturiert, ist daher auch für die Therapie von sozialer Angst elementar bedeutsam. Sollten Sie sich für eine solche Therapie entscheiden, könnte Sie in etwa Folgendes erwarten:

In einem ersten Schritt der Therapie werden Ihre negativen und ungünstigen Glaubenssätze herausgearbeitet und umstrukturiert. Beispielsweise könnten Sie den Glaubenssatz haben:

„Alle Augen sind auf mich gerichtet, wenn ich in einem Restaurant sitze und esse".

Ihr Therapeut oder Ihre Therapeutin könnte nun anfangen, diese Glaubenssätze zu hinterfragen. Sie könnten dadurch ebenfalls anfangen, diese Glaubenssätze anzuzweifeln. Durch das Hinterfragen könnten sie sich als irrational herausstellen und sich auflösen. Fragen, die man zu diesem Beispiel stellen könnten, wären zum Beispiel: „Können Sie sich sicher sein, dass andere Menschen es als peinlich oder komisch empfinden, wenn Sie essen?" „Glauben Sie nicht, dass die anderen Menschen viel zu sehr mit ihrem eigenen Leben beschäftigt sind, als dass sie Sie die ganze Zeit beobachten könnten?"

Glaubenssätze laufen automatisch ab und sind einem meistens nicht bewusst. In einer Therapie werden Sie gezielt darin geschult, solche negativen, Angst-machenden und unrealistischen Kognitionen zu erkennen und gegen realistische, weniger Angst-auslösende Denkmuster zu ersetzen. In einem zweiten Schritt der Therapie könnte es nun darum gehen, soziale Fertigkeiten zu erlernen. Dadurch, dass soziale Situationen häufig gemieden werden, sind entsprechende Kompetenzen natürlich schnell verlernt. Hierzu eignen sich Rollenspiele, in denen reale Situationen nachgestellt werden. Sie könnten dadurch die Kompetenzen gewinnen, die Ihnen im Umgang mit anderen Menschen Sicherheit verleihen.

Die Konfrontation mit der Angst ist auch in einer Psychotherapie essenziell. Diese findet außerhalb der Praxis statt. Der Patient oder die Patientin bekommen die Aufgabe, sich genau diesen öffentlichen Situationen zu stellen, die ihnen Angst bereiten. Die Herausforderungen werden dabei langsam gesteigert. In diesen Situationen bemerken die Patienten dann nicht selten, dass ihre Ängste unbegründet sind. Die anderen Menschen reagieren nicht in der erwartet negativen Weise, sondern häufig einfach positiv oder neutral. Die negativen Gedanken bei einer Angststörung sind meistens sehr überzogen und unrealistisch. Wenn die Patienten diese Erfahrung machen, können ihre Ängste überwunden werden.

Sie können diese Übung auch ohne eine Therapie allein durchführen. Begeben Sie sich einfach regelmäßig in genau die Situationen, die Sie zu vermeiden versuchen. Mehr dazu im Abschnitt „Selbsthilfemöglichkeiten".

In einer psychodynamischen Psychotherapie werden ungelöste Konflikte, welche eine soziale Phobie verursachen können, herausgearbeitet und deren

Entstehung erforscht. Hier stehen vor allem Beziehungskonflikte im Vordergrund, die ein Auslöser der sozialen Angst sein können. Beziehungskonflikte ergeben sich meist durch ungünstige Beziehungsmuster. Sozialphobiker haben, wie bereits erwähnt, eine große Angst vor Demütigung, Kritik und Zurückweisung.

Sie suchen dennoch nach Anerkennung. Diese ungünstige Mischung macht einen normalen Kontakt zu anderen Menschen sehr schwierig. Dazu kommt, dass sie häufig Beziehungen abbrechen aus Furcht, ihre Angst durch beispielsweise Erröten und Schwitzen zu offenbaren. In der Therapie wird nun genaustens untersucht, wie dieses Beziehungsmuster entstanden ist und welchen Zweck dieses in der Vergangenheit erfüllt hat. Dem zugrunde kann bei manchen Patienten eine familiäre Ursache liegen. Stellen Eltern zu hohe Ansprüche an ihr Kind, deren Erreichbarkeit für das Kind nahezu unmöglich ist, kann sich eine lebenslange Angst einstellen, den Ansprüchen nicht gerecht zu werden und nicht zu genügen. Es könnte sich der Glaubenssatz einprägen „Ich genüge nicht", was viele negative psychische Folgen nach sich ziehen kann. Natürlich auch die Angst vor sozialen Situationen.

Die Symptome einer sozialen Angst lassen sich zum Beispiel auch mit Entspannungstechniken gut behandeln. Hierfür wäre beispielsweise die progressive Muskelentspannung nach Jacobson zu empfehlen. Durch Atemübungen werden bei dieser Methode die Muskeln des Körpers angespannt und anschließend wieder entspannt. Dies hat eine sehr entspannende Wirkung auf den gesamten Körper sowie auch auf den Geist. Die Angst wird durch diese Methode vollständig verdrängt.

Eine weitere Entspannungstechnik ist das autogene Training. Hierbei werden bestimmte Körperteile durch die Vorstellungskraft bewusst entspannt.

Auch eine medikamentöse Behandlung ist in manchen Fällen bei einer sozialen Angst sinnvoll. Hier gibt es unterschiedliche Wirkstoffe, die beispielsweise die Wiederaufnahme von Noradrenalin und Serotonin hemmen können. Der behandelnde Arzt wird in einer Therapie prüfen, ob eine medikamentöse Behandlung vonnöten ist und, wenn ja, welches Medikament in diesem Fall hilfreich und sinnvoll sein kann.

Wichtig ist, je früher eine soziale Phobie erkannt und behandelt wird, desto höher sind die Erfolgschancen der Therapie und einem chronischen Verlauf kann vorgebeugt werden. Sollten Sie also die Vermutung haben, unter einer sozialen Phobie zu leiden, sollten Sie frühzeitig handeln. Ein Erstgespräch mit einem Arzt oder Therapeuten in Angriff zu nehmen, ist der beste Schritt, um ein Fortschreiten der Angst zu verhindern.

SELBSTHILFEMÖGLICHKEITEN

Einen Therapieplatz zu bekommen, ist gar nicht so einfach und ist häufig mit langen Wartezeiten verbunden. Vielleicht möchten Sie aber auch erst mal keine Therapie machen und versuchen, das Ganze selbst in die Hand zu nehmen. Natürlich gibt es dazu viele Möglichkeiten.

Im Folgenden werden Ihnen einige Tipps an die Hand gegeben, wie Sie lernen können, mit der Angst umzugehen oder sie vielleicht sogar zu lindern. Vielleicht verschwindet Ihre Angst sogar komplett, das ist aber kein Versprechen. Lesen Sie sich die Tipps öfter durch, damit sie nicht in Vergessenheit geraten und sich einprägen. Fühlen Sie sich nicht unter Druck gesetzt und versuchen Sie nicht, alles auf einmal umzusetzen.

Arbeiten Sie lieber in kleinen Schritten und tasten Sie sich heran, um sich nicht zu überfordern. Sie haben Zeit. Seien Sie geduldig. Ängste verschwinden nicht von heute auf morgen. Das ist ein Prozess, der viel Zeit in Anspruch nehmen kann und auch muss, damit er erfolgreich ist. Also nehmen Sie sich nicht zu viel vor und sehen Sie es locker. Viel Erfolg!

Reise in die Vergangenheit

Versuchen Sie doch zunächst einmal herauszufinden, wie Ihre soziale Angst überhaupt entstanden sein könnte. Denken Sie dazu an die Faktoren, die eine Rolle spielen könnten, aus dem Kapitel zur Entstehung der sozialen Angst zurück. Denken Sie an Ihre Kindheit. Wie waren Ihre Eltern zu Ihnen? Wie sind Sie aufgewachsen?

Wie sind die Persönlichkeiten Ihrer Eltern? Sind Sie eher verschlossen oder eher offen gegenüber anderen Menschen? Wie war Ihre Schulzeit? Waren immer alle nett zu Ihnen? Gab es Situationen, in denen Sie sich ausgegrenzt und unfair behandelt fühlten? Wurden Sie vielleicht sogar gehänselt? Oder hatten Sie eine negative Erfahrung mit einem Ihrer Lehrer?

Es gibt so viele Möglichkeiten, wie sich Ihre Angst entwickelt haben könnte. Diese Möglichkeiten gilt es nun, zu erforschen. Vielleicht wissen Sie auch bereits, wie Ihre Angst entstanden ist. In jedem Fall ist wichtig: Machen Sie niemanden für die Entstehung Ihrer Angst verantwortlich und seien Sie nicht wütend. Es gibt keine perfekten Eltern, die alles richtig machen. Fehler sind menschlich und passieren.

Auch, wenn Sie gehänselt worden sind, denken Sie daran, dass die Kinder früher auch noch Kinder waren. Sie waren sich über die Auswirkungen gar nicht bewusst und sind vermutlich auch bei Eltern aufgewachsen, die nicht alles richtig gemacht haben oder hatten andere familiäre Probleme. Sie wussten nicht, was sie da taten, und vielleicht sind diese Menschen heute ganz anders, als Sie damals waren, und bereuen ihr Verhalten sogar. Deswegen hegen Sie keinen Groll. Die Vergangenheit ist sowieso nicht änderbar. Was Sie ändern können, ist das Hier und Jetzt. Von daher befolgen Sie gern die weiteren Tipps.

Kämpfen Sie nicht mit aller Gewalt gegen Ihre Angst!

Ja, die Angst ist sehr hinderlich und schränkt Ihre Lebensqualität unglaublich ein. Aber die Angst ist nun mal ein Teil von Ihnen. Gegen sich selbst zu kämpfen oder Teile von sich zu verabscheuen, ist kein guter Weg, um diese Teile an sich loszuwerden. Eventuell verschlimmert diese Art und Weise das Ganze nur noch. Ein besserer Weg ist zuerst einmal, die Angst zu akzeptieren. „Okay, ich habe eine soziale Angst. Angst, es ist okay, dass du da bist." Wenn Sie sich also das nächste Mal in einer Situation befinden, in der Sie merken, dass Sie Angst bekommen, versuchen Sie nicht, die Angst zu verdrängen, sondern sagen Sie sich: „Okay, ich bekomme Angst. Ich akzeptiere, dass du kommst, Angst."

Wenn Sie merken, dass Sie rot werden, anfangen zu zittern oder zu schwitzen, versuchen Sie, auch dagegen nicht anzukämpfen. Das wird nicht funktionieren. Es wird nur dazu führen, dass die Angst schlimmer wird und Sie eventuell sogar noch mehr schwitzen und zittern. Nehmen Sie es gelassen. Es wird vermutlich sowieso niemandem auffallen. Und selbst wenn, es sind natürliche körperliche Reaktionen und jeder Mensch hat sie. Es ist nicht Schlimmes daran. Versuchen Sie, diese Dinge an sich nicht zu verteufeln. Je weniger Sie sich auf diese Dinge versteifen, desto weniger wird auch die Scham vor ihnen und desto weniger treten sie auf.

Sehen Sie Ihre soziale Angst als eine Superkraft

Das klingt vielleicht im ersten Moment etwas merkwürdig, aber so, wie es im Leben immer ist: Es gibt nicht nur Schatten, es gibt auch Licht. Jede Schwäche ist auch gleichzeitig eine Stärke und andersherum. Immer nur das Negative zu sehen, hilft niemandem weiter. Wenn man sich jedoch auf die positiven Dinge konzentriert, lebt sich das Leben viel besser und einfacher. Wenn Sie sich also auf die positiven Aspekte

Ihrer Angst konzentrieren, kann es gut sein, dass es Ihnen leichter fällt, Ihre Angst zu akzeptieren, und Sie dadurch auch besser mit ihr umgehen können. Was aber sind denn die positiven Aspekte einer sozialen Angst?

Menschen mit einer sozialen Angst verfügen über unglaublich stark ausgeprägte analytische Fähigkeiten. Sie haben alles im Blick. Ihnen fallen somit Dinge auf, die andere vielleicht gar nicht bemerken würden. Ihre Augen und Ohren sind immer überall. Sie nutzen diese Fähigkeit allerdings falsch. Bemerken sie Blicke oder das Kichern von anderen, beziehen sie es sofort auf sich selbst und interpretieren es als negativ gemeint gegenüber der eigenen Person. Sie könnten also noch ein bisschen an ihrer Technik feilen. Jedoch ist diese Fähigkeit, alles im Blick zu haben, durchaus wertvoll und könnte vielleicht in bestimmten Notfallsituationen tatsächlich von Vorteil sein.

Die zweite Superkraft ist ihre Anpassungsfähigkeit. Aus ihrer Angst vor Ablehnung sind sozialphobische Menschen sehr umgänglich. Sie sind konfliktscheu und würden entweder überhaupt keinen Streit anzetteln oder nur, wenn es wirklich notwendig und nicht zu vermeiden ist. Sie sind meistens überaus freundlich, weil sie niemandem auf den Schlips treten möchten.

Sie passen sich anderen Menschen und Situationen an und tun, was erforderlich ist, um zu gefallen und jeden zufriedenzustellen. Das ist eine Besonderheit, denn es gibt nur wenige Menschen, die nicht sich selbst und die eigenen Bedürfnisse in den Vordergrund stellen. Hier müssen Sozialphobiker aber auch noch etwas an ihrer Technik feilen, denn kaum bis überhaupt nicht für sich selbst, seine Bedürfnisse und seine Meinungen einzustehen, schadet dem eigenen Selbstbewusstsein auf Dauer zu sehr. Es ist wichtig, manchmal etwas mehr für sich selbst einzustehen, auch wenn es den anderen eventuell nicht gefällt. Ihre freundliche Zurücknahme und ihr Versuchen, es allen recht zu machen, wird ansonsten schnell ausgenutzt.

Superkraft Nummer drei: das Planungstalent. Menschen mit einer sozialen Angst sind aufgrund ihrer Furcht vor unbekannten Situationen und der Angst, etwas falsch zu machen, unheimlich gute Planer. Sie planen eine Situation, bevor sie sich in sie begeben, so gut es geht durch. Sie planen, was sie sagen könnten, wie sie sich Verhalten könnten, und sind auch, was organisatorische Dinge anbelangt, nie schlecht vorbereitet. Sie sind auf alle Eventualitäten bestens vorbereitet, weil sie in ihrem Kopf zuvor schon alles durchgegangen sind.

Das kann in jeglichen Situationen sehr vorteilhaft sein, ist aber für den Betroffenen auch mit einer gewissen Anstrengung verbunden. Es würde für sie auch auf jeden Fall einmal gut sein, eine Situation spontan auf sich zukommen zu lassen. Aus dieser Situation könnten sie lernen, dass einmal unvorbereitet zu sein, auch kein Weltuntergang ist und man es immer irgendwie schaffen kann.

Ändern Sie die Art, wie Sie interpretieren

Als sozial ängstlicher Mensch neigen Sie mit Sicherheit dazu, das Verhalten anderer Menschen, welches sich vermeintlich auf Ihre Person bezieht, als negativ zu interpretieren. Unterhalten sich zwei Menschen in unmittelbarer Nähe, denken Sie vermutlich, diese Personen würden schlecht über Sie reden. Oder sie lachen und Sie denken, diese Menschen lachen Sie aus. Wenn Menschen Sie ansehen, denken Sie wahrscheinlich, dass sie negativ über Sie denken. Aber, warum denken Sie das überhaupt? Könnte es nicht sein, dass jemand Sie ansieht, weil er Sie attraktiv findet? Und könnte es nicht sein, dass sich die unterhaltenden Menschen gerade über das Wochenende austauschen? Falls diese Personen tatsächlich doch über Sie sprechen sollten, warum sollten sie dies in einer negativen Art und Weise tun? Vielleicht finden diese Personen einfach bloß Gefallen an Ihrer Jacke oder an Ihrer Frisur.

Wenn Sie sich das nächste Mal dabei ertappen, wie Sie eine Situation als negativ interpretieren, versuchen Sie einmal umzudenken. Das erfordert ein gewisses Maß an Selbstreflexion und Sie müssen sich natürlich auch erst mal an diesen Tipp erinnern. Versuchen Sie es dennoch. Wenn Sie es schaffen sich bei Ihren negativen Gedanken zu erwischen und diese zu unterbrechen, verhindern Sie damit, dass sich negative Gefühle ausbreiten. Sie kommen gar nicht erst in die Negativspirale der Angst.

Wenn das nächste Mal jemand mit Ihnen spricht und Sie das Gesagte verletzt, denken Sie daran, dass die Person es vielleicht ganz anders gemeint hat als Sie denken. Vielleicht hat sich die Person unglücklich ausgedrückt oder Sie haben das Gesagte aufgrund einer falschen Interpretation nicht richtig verstanden. Hier sollten Sie in jedem Fall noch einmal nachhaken, um keine Missverständnisse aufkommen zu lassen. Sollte das nicht möglich sein, gehen Sie einfach direkt davon aus, dass es nicht so gemeint war. Vielleicht hat der andere nur einen Witz gemacht. Er hätte auch keinen Grund, Sie zu verletzen, solange es kein Streitgespräch war. Wenn Ihnen bewusst ist, dass Sie sich häufig etwas zu schnell angegriffen fühlen, kann es helfen, den anderen einfach nur die besten Absichten zu unterstellen, anstatt zu denken, sie würden Sie nicht mögen. Mit der Zeit werden sich so Ihre Denkmuster verändern und Sie werden aufgeschlossener gegenüber anderen Menschen reagieren. Wenn ein Fremder Sie ansieht, werden Sie vielleicht nicht sofort denken, dass dieser Sie komisch findet, sondern Sie werden seine Blicke positiv attribuieren. Versuchen Sie schon heute, die Art, wie Sie das Verhalten anderer Leute interpretieren, zu ändern und Ihre negativen Gedanken zu stoppen.

Begeben Sie sich in angsteinflößende Situationen

Wie schon im Abschnitt „Therapiemöglichkeiten" erwähnt, ist es eine gute Maßnahme sich in genau die Situationen zu begeben, die einem Angst machen. Das ist nicht so einfach, wie es klingt. Man vermeidet die Situationen nicht ohne Grund. Seine Angst zu überwinden, ist eine sehr große Herausforderung, die viel Mut bedarf. Aber wenn Ihr Leidensdruck durch die soziale Phobie groß genug ist und wenn Sie fest entschlossen sind, diese zu bekämpfen, dann schaffen Sie es auch. Um diesen Tipp zu befolgen, kann es sich lohnen, sich einen Plan zu schreiben. In diesem Plan können Sie Wochenziele festhalten, die es zu erreichen gilt. Beispielsweise können Sie sich zwei Situationen in der Woche notieren, die Sie bis zum Ende dieser Woche bewältigt haben möchten. Oder Sie richten sich einen Tag in der Woche ein, an dem Sie möglichst viele unangenehme Dinge erledigen. Dieser Tag sollte dann eher mehrere kleinere Dinge wie Telefonate zu führen oder ein Gespräch mit einer Person zu beginnen enthalten, alles andere wäre auch kaum zu schaffen. Stellen Sie sich also kleinen „Mutproben" und steigern Sie nach und nach die Schwierigkeit.

Für diese Herausforderungen kann es sinnvoll sein, wenn man am Ende des Tages seine Erfahrungen und Verbesserungsvorschläge in einem Tagebuch festhält. Dort kann man seine Fortschritte dokumentieren und sich diese immer wieder als kleine „Mutmacher" durchlesen. Selbst wenn man eine negative Erfahrung gemacht hat, kann es helfen, wenn man diese in dem Tagebuch festhält. Aus solchen Erfahrungen kann man lernen. Außerdem kann man während des Schreibprozesses noch einmal reflektieren, was man nächstes Mal anders machen könnte, oder auch, wie diese negative Situation überhaupt entstehen konnte. Sie können sich auch eine Person, die Sie gut kennen, zu Hilfe nehmen.

Diese kann Sie in den Situationen unterstützen oder Ihnen Tipps geben, was Sie noch besser machen könnten. Austausch ist außerdem generell großartig. Das entlastet den Kopf und baut negative Gefühle ab. Sollten Sie niemanden haben, dem Sie sich anvertrauen möchten, können Sie auch einfach Ihre Gedanken und Gefühle in dem Tagebuch festhalten. Das hat ungefähr den gleichen Effekt.

Treiben Sie Sport
Sport ist in egal welchem Bereich unvermeidbar wichtig. Auch bei der sozialen Angst kann Sport zu treiben helfen. Die Erfolge, die man erzielt, das Vertrauen, das man in sich gewinnt, und die ständige Überwindung, erhöhen das Selbstbewusstsein erheblich. Das ist wichtig, da Sozialphobiker mit einem zu niedrigen Selbstwertempfinden zu kämpfen haben.

Menschen mit sozialer Phobie leiden außerdem unter Dauerstress. Sport kann helfen, diesen Stress abzubauen. Es hilft außerdem, die Zielorientiertheit und Entschlossenheit zu stärken. Dadurch kann es leichter fallen, sich seinen Ängsten zu stellen und mit ihnen zu arbeiten. Treiben Sie daher mindestens zweimal in der Woche Sport. Sie können sich hierfür einen Trainingsplan schreiben und sich überlegen, was Sie wann trainieren.

Falls Sie nur zweimal in der Woche trainieren möchten, verteilen Sie diese Tage gut. Sie sollten also nicht an zwei aufeinander folgenden Tagen trainieren. Sie könnten zum Beispiel Montag und Donnerstag einplanen. Informieren Sie sich am besten im Internet und überlegen Sie dann, wie Sie es am besten angehen könnten. Sie könnten auch, im Rahmen des Tipps „Konfrontation mit der Angst" in einen Sportverein eintreten. Das erfordert zunächst einmal eine ganze Menge Mut. Sie werden aber schnell merken, dass es nur positive Effekte haben wird.

Sie werden dort auf neue Menschen treffen, die eventuell Freunde werden könnten, und der Sport im Verein stärkt auch das Gemeinschaftsgefühl. Sie würden sicherlich auch schnell merken, dass Ihre zuvor gehegte Angst unbegründet war und Sie dort mit offenen Armen empfangen werden. Es könnte auch helfen, eine Kampfsportart zu beginnen. Auch dieses Training wird Ihnen immenses Selbstvertrauen verleihen.

Der freundliche Umgang mit sich selbst

Gerade die Betroffenen einer sozialen Angst neigen dazu, sehr stark mit sich ins Gericht zu gehen und in einem sehr unfreundlichen Ton mit sich selbst zu sprechen. Nehmen wir hier als Beispiel wieder Lisa. Lisa hat in einer bestimmten Situation nicht wie gewünscht gehandelt.

Sie konnte ihren zu hochgesteckten Ansprüchen nicht genügen und verurteilt sich selbst sehr stark dafür. Innerlich fallen Sätze wie: „Du bist so blöd, kannst du dich nicht einmal zusammenreißen", oder „Wie kann man nur so bescheuert sein, sowas kann doch jeder. Nur du kriegst sowas immer nicht hin". Die Liste der verachtenden Selbstverurteilungen ist endlos. Mit sich selbst so zu sprechen, hilft jedoch keinesfalls. Ganz im Gegenteil. Es baut Druck auf und wenn sich Lisa das nächste Mal in einer ähnlichen Situation befindet, wird sie höchstwahrscheinlich auch nicht auf die gewünschte Weise handeln können, weil sie sich zu viel Druck gemacht hat.

Sprechen Sie mit sich immer so, wie Sie auch mit einem guten Freund sprechen würden. Dem würden Sie bestimmt nicht solche Sätze, wie im oben genannten Beispiel, an den Kopf werfen. Sie würden einfühlsam und verständnisvoll mit ihm sprechen. Dies sollten Sie auch bei sich selbst tun. Immer.

Es ist nicht schlimm, Fehler zu machen, verurteilen Sie sich nicht. Reden Sie sich gut zu, das macht Mut. Sie selbst sind Ihr bester Freund. Lassen Sie dem inneren Kritiker nicht zu viel Raum. Das wird Ihnen guttun und entspannend auf Körper und Geist wirken. Lisa könnte also mit sich selbst freundlicher sprechen. Sie könnte zu sich selbst sagen: „Das lief jetzt zwar nicht so wie geplant, aber dafür werde ich es nächstes Mal besser machen. Ich kann alles schaffen, was ich möchte", oder: „Fehler zu machen, ist vollkommen in Ordnung.

Auch ich bin bloß ein Mensch und ich werde immer Fehler machen." Die Wahrscheinlichkeit, dass sie sich verbessern wird, wenn sie mit sich selbst auf diese Weise spricht, ist sehr hoch. Sie macht sich selbst keinen Druck und verurteilt sich nicht für ihre Fehler. Sie nimmt die Situation, wie sie kommt, und macht das Beste daraus.

Selbst wenn Sie enttäuscht von sich sind, versuchen Sie dennoch, mit sich selbst einfühlsam zu sprechen. Nur so bekommen Sie die Chance, das nächste Mal anders in einer bestimmten Situation zu reagieren und stolz auf sich zu sein.

Üben Sie sich im Small Talk

Small Talk ist der einfachste Weg, um mit jemandem in ein Gespräch zu kommen. Sie sollten sich unbedingt darin üben, mit so vielen Menschen wie möglich zu kommunizieren, um Ihre Angst zu verlieren. Neue Menschen kennenzulernen, ist wichtig und, wie Sie schon erfahren konnten, äußerst nützlich. Falls Sie nicht gut darin sind, Small Talk zu führen, und Ihnen das Probleme bereitet, gibt es unglaublich viele Bücher, in denen Sie wertvolle Tipps zu dem Thema erhalten können.

Sie können auch mit einem Freund oder einer Freundin üben. Oder Sie legen einfach direkt los. Sie könnten ein kurzes Gespräch mit der Kassiererin führen oder jemanden im Park ansprechen. Das bedarf etwas Überwindung, aber Sie werden schnell merken, dass Ihre Blockaden im Kopf mit der Zeit kleiner werden, je öfter Sie sie überwinden. Natürlich werden Sie dabei auch immer wieder auf Menschen stoßen, die keine Lust haben, mit Ihnen zu sprechen. Lassen Sie sich davon nicht verunsichern. Vielleicht haben diese Menschen sogar selbst eine soziale Phobie. Es muss Sie nicht kränken, wenn Sie auf Ablehnung stoßen. Dies ist eine Übung und die meisten Menschen werden sicherlich positiv auf Sie reagieren. Je mehr Sie Small Talk üben, desto mehr Sicherheit werden Sie gewinnen. Irgendwann wird Ihnen ein Gespräch mit einer fremden Person zu führen sicherlich keine Probleme mehr bereiten. Und vielleicht lernen Sie durch diese Übung sogar ein paar neue Bekannte kennen.

Schließen Sie sich einer Selbsthilfegruppe an

Ja, das klingt für einen Menschen mit einer sozialen Angst wie ein Graus. Aber, wie schon häufig erwähnt, ist es wichtig, sich seinen Ängsten zu stellen, wenn man möchte, dass sie verschwinden. Eine Selbsthilfegruppe ist eine gute Möglichkeit, sich nicht mehr so allein zu fühlen mit seiner Angst. Man trifft dort nur auf Gleichgesinnte, was zumindest etwas den Druck aus der Situation nimmt. Niemand dort wird Sie verurteilen. Alle haben das gleiche Problem und das gleiche Ziel. Außerdem kann man dort gemeinsam an dem Problem arbeiten und miteinander üben. Es ist auch wieder eine wunderbare Möglichkeit neue Bekanntschaften zu schließen. Selbsthilfegruppen gibt es in jeder Stadt. Recherchieren Sie gern etwas und schauen Sie, was es bei Ihnen für Angebote gibt. Scheuen Sie sich nicht, etwas Neues auszuprobieren und über Ihre Grenzen hinauszugehen.

Machen Sie Achtsamkeitsmeditationen

In diesen, beispielsweise geführten, Mediationen können Sie lernen, wie Sie Ihre Aufmerksamkeit gezielt lenken können. Das kann helfen, die negative Gedankenspirale zu stoppen. Sie lernen, sich zu konzentrieren und zu entspannen und Ihre Aufmerksamkeit auf bestimmte neutrale Dinge zu fokussieren. Das kann dazu beitragen, Ihre Angst zu mindern.

Da Sozialphobiker dazu neigen, sich in Ihre Angst hineinzusteigern, können Sie mittels dieser Meditationen lernen, den Teufelskreis zu verlassen und Ihre Aufmerksamkeit zu verlagern. Diese Mediationen finden Sie zahlreich im Internet. Sie können auch Präsenzkurse besuchen, wenn Sie sich Ihrer Angst wieder aktiv stellen möchten. Sollten Sie davor noch zu starke Angst haben, ist das aber auch kein Problem. Tasten Sie sich einfach weiter heran, bis dahin tun es auch die Mediationen aus Büchern oder dem Internet.

Stärken Sie Ihr Selbstbewusstsein

Sie fokussieren sich mit großer Wahrscheinlichkeit die meiste Zeit Ihres Lebens sehr auf die Dinge, die Sie nicht an sich mögen, oder mit den Dingen, die Sie nicht gut können. Dass das an dem Selbstbewusstsein nagt, liegt auf der Hand. Stattdessen sollten Sie Ihren Fokus auf die Dinge legen, die Sie an sich besonders mögen. Das können kleine Dinge sein und es muss auch nicht auf Ihr Äußeres bezogen sein.

Vielleicht mögen Sie an sich Ihre Freundlichkeit oder Ihre Hilfsbereitschaft. Vielleicht mögen Sie aber auch Ihre Haare oder Ihre Figur. Was auch immer es ist, schätzen Sie diese Dinge an sich. Um sich immer wieder an die positiven Dinge an Ihnen zu erinnern, könnten Sie die Dinge aufschreiben und sich immer wieder durchlesen. Sie könnten auch wieder den Zettel an eine Stelle in Ihrem Zuhause hängen, wo Sie ihn immer gut im Blick haben. Oder Sie sprechen mit sich selbst im Spiegel und erzählen Ihrem Spiegelbild, was Ihnen gefällt. Ja, das mag vielleicht im ersten Moment etwas seltsam sein, daran gewöhnt man sich aber schnell und es vermittelt ein gutes Gefühl. Sie können auch einmal Ihre Freunde oder Ihre Familie fragen, was diese an Ihnen besonders großartig finden. Das kann auch helfen, um Ihr Selbstbewusstsein etwas aufzubauen. Vielleicht ist Ihnen gar nicht bewusst, wie sehr andere Sie schätzen. Dies ist daher eine gute Möglichkeit, sich Ihrer eigenen Stärken bewusst zu werden. Jeder hat Dinge, die er gut kann und die andere wertschätzen. Es ist wichtig, sich daran hin und wieder mal zu erinnern.

Abschließende Tipps und Anregungen

All diese Tipps klingen wahrscheinlich, als wären sie leichter gesagt als getan. Und wahrscheinlich dachten Sie bei dem einen oder anderen Tipp „Das schaffe ich niemals". Natürlich sind diese Tipps alles andere als einfach für einen Menschen mit einer starken sozialen Angst. Hier also noch mal die Erinnerung: Machen Sie nicht alles auf einmal und machen Sie kleine Schritte. Fangen Sie beispielsweise erst einmal damit an, sich einen Plan zu machen. Sie könnten sich zum Beispiel einen Wochen-plan mit einer beliebigen Anzahl an Wochen machen. Sie beginnen Woche eins dann einfach mit den Dingen, die Ihnen am wenigsten Angst machen. Langsam stei-gern und nehmen Sie sich nicht zu viel vor. Falls Sie nicht wissen, wie Sie Ihren Plan aufbauen könnten, folgt nun ein Beispiel eines solchen Plans, der auch gleichzeitig noch einmal als Wiederholung und Zu-sammenfassung der genannten Tipps dienen soll. Er soll nur eine Anregung sein. Sie können Ihren Plan auch in einer völlig anderen Art und Reihenfolge ge-stalten. Achten Sie dabei auf Ihr Gefühl.

Woche 1: Diese Woche dient der Erforschung meiner Angst. Wodurch ist sie entstanden und durch welche meiner Verhaltensmuster wird sie aufrechterhalten?

Woche 2: Diese Woche widme ich der Akzeptanz. Ich werde mich darin üben, mit meiner Angst Frieden zu schließen und mit ihr zu arbeiten, statt gegen sie.

Woche 3: In dieser Woche werde ich versuchen, meine Wahrnehmung zu verändern. Ich versuche, mir positive Glaubenssätze anzueignen, und werde meine negativen Gedanken unterbrechen.

Woche 4: In dieser Woche werde ich anfangen, mich mit dem Thema Sport zu befassen. Ich werde mir einen Trainingsplan schreiben und werde von nun an mindestens zweimal in der Woche trainieren. Außerdem werde ich mit Achtsamkeitsübungen und anderen Entspannungstechniken beginnen.

Woche 5: Woche fünf ist die Woche, in der ich mein Selbstbewusstsein gezielt in Angriff nehmen werde. Ich werde aufhören, mich auf die Dinge zu konzentrieren, die ich nicht an mir mag. Im gleichen Zug werde ich lernen, einen freundlichen Umgangston mit mir zu pflegen.

Woche 6: In dieser Woche werde ich ein paar Telefonate führen, um mir nach und nach die Angst davor zu nehmen.

Woche 7: die Small-Talk-Woche. Ich werde meine Small-Talk-Kenntnisse etwas auffrischen und wieder etwas Übung darin bekommen, damit mir der Umgang mit anderen etwas leichter fällt.

Woche 8: Ich werde mich in dieser Woche nach Selbsthilfegruppen umsehen und mich danach einer anschließen.

Woche 9: Diese Woche steht unter dem Motto: „Stelle dich einer großen Angst". Ich werde mich in eine Situation begeben, die mir besonders große Angst macht, und diese meistern.

Woche 10: Auch diese Woche heißt es wieder Konfrontation mit meiner Angst. Ich werde mich jeden Tag mindestens einer Angst stellen, selbst, wenn es nur eine kleine ist. Danach werde ich meine Erfolge in einem Tagebuch notieren.

So in etwa könnte ein Plan aussehen. Machen Sie jede Woche nur so viel, wie es sich richtig für Sie anfühlt.

Nach dem Ende Ihres Wochenplans muss es natürlich weitergehen. Sie müssen weiterhin an sich arbeiten und sich Ihren Ängsten stellen. Der Wochenplan dient nur als ein Einstieg. Die Arbeit an sich selbst und das ständige Begegnen der Angst sind sehr kräftezehrend, dennoch ist es wichtig, dass Sie am Ball bleiben. Leider werden Ihnen da ein paar Wochen nicht weiterhelfen. Das Überwinden einer sozialen Angst ist ein sehr langwieriger Prozess, der Jahre dauern kann. Vielleicht merken Sie nach einigen Wochen eine Besserung. Machen Sie weiter. Wenn Sie jetzt aufgeben, wird Ihre Angst zurückkommen. Positive Selbstbekräftigung und ein wenig Ehrgeiz werden Ihnen helfen, dranzubleiben.

Sie sind nun am Ende dieses Buches angelangt. Wie schon erwähnt, kann es jedoch sinnvoll sein, das Buch öfter zu lesen oder sich zumindest die für Sie wichtigen Stellen zu notieren. Es folgt nun zum Abschluss noch ein kleiner Hinweis, den Sie sich für Ihr weiteres Leben gern merken und zu Herzen nehmen dürfen:

Das Verlassen der eigenen Komfortzone sollte in jedem beliebigen Bereich des Lebens immer angestrebt werden, sei es noch so unangenehm. Außerhalb Ihres sicheren Bereichs warten großartige Dinge auf Sie, die Ihr Leben wahnsinnig bereichern werden. Ihre Angst wirkt wie ein Schutzschild, jedoch schützen Sie sich damit nicht nur vor Schlechtem, sondern auch vor den ganzen schönen Dingen des Lebens, welche Sie sich wirklich nicht entgehen lassen sollten.

Lassen Sie nicht zu, dass Ihre Angst Sie im Griff hat. Die Angst ist ein Teil von Ihnen, den Sie im Griff haben sollten. Sie haben die Kontrolle, auch wenn es sich meistens nicht so anfühlt. Lernen Sie, die Kontrolle wiederzuerlangen und zu behalten, und nichts kann Sie mehr stoppen. Nichts wird Sie mehr einschränken oder zurückhalten. Sie werden Ihr Leben frei gestalten können, ohne Abstriche zu machen. Haben Sie keine Angst, starten Sie noch heute.

Herstellung und Verlag:

BoD – Books on Demand, Norderstedt

ISBN: 9783750426016

© Franziska Schubert 2021

1. Auflage

Kontakt: Psiana eCom UG/ Berumer Str. 44/ 26844 Jemgum

Covergestaltung: Fenna Larsson

Coverfoto: depositphotos.com